LE CARACTERE DE LA ROYAVTE

ET DE LA TYRANNIE

faisant voir

PAR VN DISCOVRS POLITIQVE.

I. Les Qualitez neceſſaires à vn Prince pour bien Gouuerner ſes ſujeꝯs.

II. Les maux qui arriuent aux Peuples lorsque les Souuerains ſont incapables de les Gouuerner.

A PARIS,

M. DC. LII.

LE CARACTERE DE LA ROYAVTE'

Et de la Tyrannie, faifant voir par vn Difcours Politique.

I. Les qualitez neceffaires à vn Prince pour bien Gouuerner fes fujects.

II. Les maux qui arriuent aux Peuples lors que les Souuerains font incapables de les Gouuerner.

Bien que la Maxime des Philofophes foit tres veritable, qu'vn contraire n'eft jamais fans vn autre qui luy eft oppofé, & que tant plus ils font proches tât mieux on en defcouure les differences, comme la Peinture adjoufte fur vn mefme Tableau des ombrages aupres de plus viues couleurs pour en releuer l'eclat: Neantmoins ou par vn aueuglement honteux ou par vne lacheté Criminelle, la plus part de ceux qui viuent foubs le Gouuernement Monarchique, confondent la Royauté auec la Tyrannie bien qu'il foit auffi aifé de diftinguer l'vne d'auec l'autre, comme il nous eft facile de ne pas confondre le chaud auec le froid, l'a-

A ij

mer auec le doux, les tenebres auec la lumiere.
I'aduouë qu'il faut estre libre pour iuger comme il faut du Gouuernement de l'Estat, l'or-
gane dit Aristote doit estre priué des qualitez
de son object pour receuoir les especes, car tout
ce qui est receu s'accomode à la nature de ce
qui le reçoit.

Quidquid recipitur per modum recipientis
recipitur.

Ainsi toutes les couleurs paroissent iaunes
à ceux qui sont icteriques & le miel semble
amer à ceux qui ont la langue & l'œsophage
plein de bile.

Pour iuger donc auec sincerité de la qualité
du gouuernement de nostre Estat, il faut estre
dessinteressé, n'auoir l'esprit preoccuppé ou
de haine ou d'amour pour ceux qui tiennent
les Reines de l'Empire, & n'estre touché d'autre affection que pour le bien qui se commu-
nique auec plus d'estenduë au public.

Quoy que la fin de la Politique soit de rendre
les hommes heureux, & que pour paruenir à
cette fin le gouuernement monarchique ait
esté iugé le plus propre par beaucoup de Sages,
neantmoins l'experience nous fait voir le contraire soit que nous considerions les Empires
en leurs establissements soit en leur vigueur
soit

soit en leurs decadences & en leur fin.

Lors que la politique est fondée sur la morale c'est à dire que celuy qui gouuerne l'Estat, est homme de bien, prudent, iuste, fort & moderé, tous ceux qui se trouuent dans la mesme Societé Ciuile peuuent esperer da paruenir par son moyen au plus haut degré de bonheur, & desllors comme enseigne Aristote cette personne doit estre considerée non point comme vn homme: mais comme vn Heros ou comme vn Dieu. Mais combien pensez vous qu'il s'est trouué de Monarques qui ont monté sur le throne estant doüez de toutes ces vertus? pour vn que ie pourrois soustenir auoit esté capable de manier le Sceptre, il s'en trouuera cent, voire mille qui n'estoit pas dignes d'auoir la moindre charge de leur Empire.

Faisons vne petite reflection sur les quatre Monarchie; & voyons comme celle des Assiriens à esté establie par Nembroth continuée par Semiranis & finie par Sardanapale. Celle des Medes fut commancée par Cirus que Xenophon à donné pour modelle à tous les Roys bien qu'il eust vsurpé l'Empire, & finie par Darius vaicu par Alexandre qui donna l'establissement à la troisiesme Monarchie, ayant destruit plus d'vn million d'hommes qui ne l'a

uoient iamais offencé ny veu ny connu, fut
transferée des Grecs aux Romains, Iules Cezar
aiant opprimé la liberté de la plus puissante Re-
publique de la terre , & transmis l'Empire de
l'vniuers à de monstres, estant auparavant tenu
par le peuple le plus belliqueux & le plus iuste
qui fut au monde. Dans tous les Catalogues des
Empereurs des Roys, Potentats ou Souuerains
que trouue-on que des hommes illustres oû
par leurs vices ou par les maux qu'ils ont causé
dans les pays estrangers ou mesme dans leur patrie? Tous ont esté portez au thrône par l'am-
bition, les vns pour y monter ont passé sur le
corps morts de leurs freres, les autres de leurs
nepueux, les autres de leurs peres, & des Rey-
nes ambitieuses se sont voulu prostituer à leurs
propres enfans comme Semiramis & Agripina,
& d'autres ont fait massacrer leurs maris, d'autres ont donné du poison à leurs propres enfans
pour placer leurs russiens sur le thrône.

Ce qui est encoré de plus effroyable parmy
tant d'horreur, est que le thrône authorise les
crimes de ceux qui l'occupent, l'orgueil & la
cruauté ayant receu des Apothéoses quand ils
ont eclaté soubs le Diademe. Que dirons nous
que dans la Monarchie dont Dieu mesme a esté
le fondateur la pluspart des Roys ont degeneré

des vertus de celuy que Dieu auoit trouué selon
son cœur ; horsmis deux ou trois Roys d'Israël,
tous les autres n'ont rien valu selon le tesmoi-
gnage de l'Escripture, ayant perdu le peuple ou
par leur auarice ou par leur Idolatrie. Aussi
quelque image de la diuinité que les peuples at-
tribuent à leurs Souuerains neantmoins il est
tres certain que la Iustice de Dieu se sert de ces
puissances Souueraines pour chastier auec plus
d'estenduë & de rigueur les offences qui se fót
contre luy, ils deuiennent les instruments de
ses vengeances apres auoir esté l'object des
adorations criminelles, c'est pourquoy Dieu
menaçoit par son Prophete le Monarque d'Af-
sirie disant *malheur à Assur qui est la verge de ma*
fureur, voulant dire que comme vn pere jette
dans le feu les verges apres auoir chastié ses enfans, de mesme Dieu apres s'estre serui des Potentats pour punir les crimes des peuples, il
tourne ses vengeances sur leurs testes Criminelles.

Si nous voulons sçauoir pourquoy dans tous
les Estats, où les subjets obeïssent à vn seul: Il
faut plusieurs siecles pour trouuer vn regne
heureux, il faut considérer que l'authorité R,
ne peust seruir que de ruine aux subjects de la
Monarchie, si elle n'est accompagnée d'vne

haute vertu & principalement de la moderation qui ne peult estre conjointe que par vn esprit cultiué par les estudes & par l'exercice des
vertus auec tant de pompe, d'esclat & l'authorité.

Aussi les plus sages ont pris pour caractere
de la Royauté non le Sceptre & le Diademe,
non la pourpre & la foule des Courtisans, auec
vn esprit foible, ou ambitieux. Mais la vraye
marque de la Royauté est vn Empire absolu sur
les passions qui fait regarder tout au dessous de
soy, vne assurance contre toutes les disgraces ou
faueurs de la fortune en vn mot ne rié craindre
Rex est qui metuit nihil.
Voulez vous sçauoir dit Senecque en quel lieu
la dignité Royale est placée, elle loge dans vne
ame releuée qui void tout au dessoubs de soy &
ne craint rien.

Nescitis cupidi arcium,
Regnum quo iaceat loco:
Regem non faciunt opes
Non vestis tyriæ color
Non frontis nota regiæ
Non auro nitida trabes.
Rex est qui posuit metus
Et diri mala pectoris
Quem non ambitio impotens

Et

Et numquam stabilis fauor
Vulgi precipitis mouet.
Qui tuto positus loco
Infra se videt omnia
Occurritque suo libens
Fato nec queritur mori
Mens regnum bona possidet
Rex est qui metuit nihil
Hoc regnum sibi quisque dat.
Illi mors grauis incubat
Qui notus nimis omnibus
Ignotus moretur sibi.

La Royauté doit rendre heureux, & les subjets & le monarque, le bonheur de l'homme est
scitué dans la sagesse qui luy donne vne parfai-
te connoissance, premierement de luy mesme
& en apres des choses qu'il est obligé de sçauoir c'est pourquoy, nostre Poëte estime pau-
ure & malheureux celuy qui estant sur le trô-
ne est connu de tous, est inconnu à luy mesme
& apprenant ce qu'il deuroit ignorer & igno-
rant ce qu'il deuroit sçauoir.

Ceux là se trompent qui disent que les Rois
ne se font pas, mais qu'ils naissent. Car puis-
qu'il n'est point de mestier plus difficile que de
commander aux hommes, comment voulez
vous qu'on le sçache sans l'auoir appris? Aussi

se donne pour marque ou pour carractere de la Royauté, les quatre vertus morales qui deuien-nent Politiques en la personne du Monarque à raison que ces vertus regardent en sa personne le bien vniuersel & quelles ont pour fin de pro-curer la felicité de tous les subjets qui viuent soubs vne mesme societé ciuile.

La premiere marque de la Royauté est la pru-dence Politique du Souuerain pour gouuerner son Estat, qui est vn addresse de bien manier l'authorité Souueraine & conduire les peuples par vne obeïssance entiere sans violence à sa fin qui est la felicité des hommes par l'abondance de toute sorte de biens & par la securité contre les maux.

Pour acquerir cette prudence Politique il faut. I. Que le Souuerain se cognoisse luy mesme qui est vn estude tres important & par lequel il pourra paruenir à la sagesse & par ainsi se rendre digne de commander *sapientis est im-perare*, En second lieu il doit cognoistre le na-turel du peuple auquel il commande pour le moins en general, *noscenda natura vulgi est & quibus modis temperanter habeatur*. 3. il doit estu-dier les Loix fondamentales de l'Estat, appren-dre l'Histoire & se seruir de maistre à luy mes-me tirant vne instruction de tout ce qui s'est

passé dans le regne de ses ancestres, & puisque
la prudence Politique est vne vertu qui regle
ce qu'il faut faire *recta ratio agendorum*, il doit
tousiours auoir pour maxime que le bien de
l'Estat c'est a dire de tous les suiects en general
non point de ses proches ou de ses domesti-
ques, est le bien du Prince se seruant en tout
de cette Loy souueraine qui le regarde plus tost
luy que tout autre.

Salus populi suprema lex esto.

Cette prudence Politique s'acquiert par la
cognoissance de choses que le Prince a luy mesme veuës & maniées ou par le recit de celles
dont il entend discourir ou par la lecture de
celles qu'il aprend dans l'Histoire, puisque la
prudence comprend toutes les vertus comme
dit S. Ambroise *connexæ interse sunt concatena-
taque virtutes.* Le Prince doit monstrer à tous
ses suiects qu'ils est doüé d'vn singuliere pieté.
Car cóme enseigne Lactance, c'est la Religion
qui maintient la societé humaine qui ne peut
autrement subsister que par l'obseruation du
culte qui est deu à Dieu, ainsi disoit Ciceron
l'Empire Romain s'est estendu par tout l'vniuers à raison que la Ville de Rome auoit plus
de pieté que toutes les autres.

Ie n'entends pas icy que le Prince abusant du

nom de Pieté exerce vne horrible tyrannie
fur la confcience de fes fujects. Ainfi Iules l'A-
poftat vouloit defpouiller les Chreftiens de
leurs biens par ce que l'Euangile nous enfeigne
le mefpris des richeffes Charles Quint, faifoit
faire des Proceffions à Bruxelles pour le Pape
tandis que fes lieutenants le tenofent affiegé
dans Rome, & Henry fecond faifoit brufler
quelques vns de fes fujects proteftants & en-
uoyoit en Allemaigne des armées pour deffendre les autres qui faifoit la guerre à fon aduer-
faire.

Apres la prudence vient la Iuftice qui eft la
feconde Marque de la Royauté. Car comme
dit S. Auguftin, les eftats ne font que briganda-
ges s'ils ne font adminiftrez par la Iuftice *quid
funt regna nifi ingentia latrocinia nifi vbi adeft
iuftitia.* Or comme toute la Iuftice s'adminiftre
foubs le nom du Prince auffi doit elle refider
en luy comme dans fa fource & dans fon Origine. Le Prince n'a point de plus dangereux ennemis que ceux qui luy veulent faire croire
qu'il eft par deffus les Loix, que tout ce qu'il
veut luy eft permis & qu'il deuient équitable
des auffi toft qu'il le comande qu'il doit regner
par la force & que l'amour des peuples rend le
Throfne moins affeuré que la crainte. Ce font
                                        des

dés termes dignes des Tyrans que les Poëtes
ont logé dans les Enfers à sçauoir de Lycus &
d'Atrœus dans le Thyeste de Senecque, à sçauoir que l'authorité Souueraine paroist en ce
que les subjets doiuent ou degré ou de force faire ce que leur Souuerain commande, & donner mesme leurs approbations, & leurs loüanges à ce qu'ils abhorrent & detestent.
Maximum hoc regni bonum est,
Quod facta domini cogitur populus sui
Quàm ferre tam laudare.
  Qu'vn homme simple reçoit des veritables
loüanges: mais qu'il n'y a que les Souuerains
qui puissent en extorquer de fausses.
Laus vera, & humili sæpe contingit vero
Non nisi potenti falsa.
  Que si l'on fait entendre au Souuerain qu'il
n'a qu'à commander des choses iustes & legiti-
mes & qu'il sera plustost obey qu'il n'aura com-
mendé
Rex velit honesta nemo non eadem velit
vn Lycus vous respondra qu'il ne s'estime point
estre Roy s'il ne peut commander que ce qui est
Iuste, que ce n'est pas regner que de ne pouuoir
faire ce qu'on veut, & se deffaire de ce qui des-
plaist, que la pieté la Iustice la probité sont des
vertus propre pour les hommes priuez, mais

que les Rois ne doiuent point recognoiftre des loix puifque c'eft à eux de les prefcrire.

Vbicumque tantùm honefta imperanti licet
Prçcario regnatur. fanctitas, pietas fides,
Priuata bona funt, qua iuuat Reges eant.

Voilà les paroles des Lycus, des Atrees, des Ixions & des Tantales, mais qui fe trouueront cóformes au langage & qui plus eft aux actions mefme de nos Princes, qui faifant profeffion de la Religion Chreftienne font encores plus criminels & plus coupables que ces anciens Idolatres.

Le Prince donc doit eftre le premier Iufte & equitable fçachant qu'il n'a rié à luy & que luy mefme eft confacré au public par fa charge, bié loin d'eftimer que la vie & les biens de fes fubjets font en fa difpofition, autremét que pour le bien de l'Eftat, c'eft à dire pour leur confer- uation & deffenfe. Apres il doit faire garder la Iuftice aux autres eftant depofitaire des Loix & portant en main le glaiue pour deffendre les Innocents & chaftier les coulpables. Ceux qui difent qu'il doit difpenfer les recompenfes pár luy mefme & donner aux autres la commiffion de punir les crimes fe trompent car il eft autant ou plus important pour le bien public que les crimes foit chaftiez que les bonnes actions recompensées. Il doit euiter la multiplicité des loix & des ordonnances & abolir la chicane comme vne peste de l'Estat,

Corruptißimæ Reipublicæ plurimæ leges.

& bien loin de vendre les offices de Iudicature il deuroit faire escorcher ceux qui auroient receu de presents pour recompense de leurs iugemens, & à l'exemple de ce sage faire assoir le fils du meschant Iuge sur la peau de son propre pere. Quelle honte que nos souuerains ont du tout abandonné le plus noble exercice de leur authorité Royale, & ont prostitué cette noble Vierge d'Hesiode à des faux Prestres de Themis qui font vne infame trafic de ce qui est le plus Auguste & le plus sacré parmi les hômes. Autresfois la Maison de nos Roys estoit le Temple de la Iustice, le lieu de leur demeure portoit le nom de Palais qui reste maintenant à celuy où se rend la Iustice, & maintenant nos Princes ne se font voir dans ce sanctuaire qu'apres l'auoir rempli de gens armés & ny viennent que pour faire verifier par force des Edicts qui ont esté concertez par des Partisans qui mettent toute leur industrie à trouuer les moyens de ruiner le peuple. Il doit joindre la seuerité auec la clemence, vsant de cette cy enuers ceux qui l'ont offencé, & de l'autre enuers les plus coupables. Si nous voulons rapporter la veritable cauſe de tous nos maux, nous n'auons qu'a dire que c'eſt l'impunité des crimes. Il n'eſt rien qui attire dauantage la diuine vengeance ſur les peuples que de laiſſer le peché impuni. C'eſt neantmoins commun en ce Royaume que le ſupplice eſt deſtiné au malheureux & non au coulpables, nos loix ſont des toiles d'Aragnée qui prennent des mouches & ſont trauerſées par les gros frelons. On vole, on viole, on tuë on maſſacre impunement dans tout le Royaume, non ſeulement en temps de guerre, mais en pleine paix, quiconque aura quelque accez à la Cour ou pourra deſcouurir la Maiſtreſſe d'vn Iuge eſt aſſeuré de ſa lettre de grace. Et comme nous voyons que dans les Royaumes, & Eſtats où la Police s'obſerue, où rien ne demeure impuni, la benignité diuine les remplit de ſes graces & de ſes benedictions celeſtes, le noſtre au contraire eſt accablé ſoubs le faix de la diuine vengeance à raiſon des crimes qui ſe commettent impunement par tout le Royaume.

Quelques-vns eſtiment que le Prince peuſt faire vne iniuſtice à quelque particulier pourueu qu'il en reuienne du profit au general, qu'ainſi il ſe peuſt deſfaire ſecrettement de ceux qui peuuent

peuuét troubler l'Eſtat & ſe rendre redoutables
par leur puiſſance qu'il peut prendre le bien des
plus riches, occuper les places & les Prouinces
d'vn Eſtat voiſin pour rendre le ſien plus aſſeuré & plus tranquille. Ceux-ci nous diſent que
pour garder la Iuſtice aux choſes grandes il faut
quelques fois s'en deſtourner aux choſes
petites & que pour faire droit en gros il eſt
permis de faire tort en detail : qu'ordinaire-
ment les plus hautes entrepriſes ont de l'jniuſti-
ce, mais que le mal qui en arriue aux particu-
liers eſt recompenſé par le profit qui en reuient
à tout le public *Omné magnũ exemplum*, dit Plu-
tarque, *habet aliquid ex iniquo quod aduerſus ſin-*
gulos vtilitate publica rependitur.

Mais ie n'approuue point la Politique qui
deſtruit la Morale, ſe ſuis pluſtoſt de l'aduis de
Sainct Paul qu'il ne faut jamais faire le mal afin
que le bien en ſuiue.
Non ſunt facienda mala cut inde eueniant bona.

Cela n'empeſche pas que le prudent & ſage
Prince ne puiſſe diſpoſer des loix contre les lois
meſme ſi la neceſſité le requiert, Ayant touſ-
iours pour reigle la Souueraine loy qui eſt le
bien de l'Eſtat, c'eſt à dire le bien de ſes ſub-
jets.

La troiſieſme marque de la Royauté conſiſte

en la valeur. La cognoissance des Loix, & de lart
Militaire doit estre tout l'estude d'vn Prince
c'est son Rudiment & ce qui le doit rendre par-
fait *Imperatoriam maiestatem non solum armis de-*
coram sed & legibus oportet esse armatam, vt vtrū-
que tempus & belli & pacis recte possit gubernari.

C'est icy le plus important de son seruice que
de sçauoir faire la guerre à quoy est requis, la
prudence, le courage, & la bonne fortune. Ie
reduits à trois chefs tout ce qui depend de cette matiere qui sont 1. entreprendre, 2. faire, 3.
finir la guerre, quand à l'entreprise la Iustice &
la prudence la doiuent preceder. La Iustice doit
deuancer la valeur comme la deliberation doit
preceder l'execution. Ce sont des paroles d'vn
furieux que le droit est dans la force, que l'issuë
en decidera, que le plus fort l'emportera. La
guerre à ses droits mais elle ne doit point estre
commencée par des legers offences *non ex om-*
ni occasione quærendus triumphus. Mais l'ambi-
tion, l'auarice, & la vengence en sont les motifs
ordinaires. *Vna & ea vetus bellandi causa, pro-*
funda cupido imperij & diuitiarum, maximam
gloriam in maximo imperio putant. rumpere fœdus
impius lucri furor & ira præceps.

Cassiodore dit qu'il n'est point de cause assez
iuste qui nous puisse porter à prendre les armes

contre la patrie. *Nulla satis iusta causa videri potest aduersus patriam arma capiendi.*

S. Ambroise dit que les armes sont iustes quand par elles on deffend son pays contre les Barbares, ou contre les larrons & les brigands, vn autre dit qu'vn estat bien policé n'entrepréd jamais la guerre que pour euiter sa ruine, que la guerre deuient iuste lors qu'elle est necessaire & que le different ne peust estre terminé que par les armes. *Iustum bellum quibus necessarium, pia arma quibus nulla nisi in armis relinquitur spes.* Enfin les sages ne font la guerre que pour la paix. *Sapientes pacis causa bella gerunt, & laborem spe otij sustentant vt in pace sine iniuria viuãt.* Et les genereux se contentent de vaincre sans perdre leurs ennemis ayant pour maxime, *Parcere sujectis & debellare superbos.*

Les autheurs des guerres Ciuiles sont en detestation à tous les gens de bien toutes les maledictions & reproches tombent sur le chef *Iniquissima bellorum conditio hæc est, prospera omnes sibi vendicant, aduersa vni imputantur.*

C'est vne rage d'entretenir vne guerre Ciuile & de venir à ces extremitez, de perir ou faire perir les autres, & d'exposer son Royaume au pillage c'est ne pas se soucier de perdre son authorité ou sa Couronne.

Le Prince se doit faire craindre mais c'est des ennemis & non de ses sujects, sur lesquels il doit regner par amour. *Amorem apud populares, metum apud hostes quærat.* Il doit tenir tous ses sujects en leur deuoir, & ne doit point ruiner le peuple pour enrichir ou ses soldats ou ses fauoris

Auguste auoit trouué le moyen d'estre egalement chery de la gendarmerie & du peuple mesnageant sagement les Finances *militem donis, populum annona, cunctos dulcedine otij pellexit.*

La 4. marque de la Royauté est la moderatió. Cette moderation peut estre conioincte auec la grandeur de courage & mesme il n'est que les genereux qui se puissent moderer dás vne haute fortune *magnam fortunam, magnus animus decet.* Quand vn Prince s'estimera plus heureux d'estre bon Citoyen que d'estre souuerain il ne derogera point à son authorité ny n'afoiblira point son Empire. *Firmissimum id Imperium quo obedientes gaudent.* Philippe se faisoit aduertir tous les iours qu'il estoit homme pour ne pas se mescognoistre & se monstroit en cela plus grand Roy.

Par cette moderation il euitera la haine & le mespris qui sont les deux ennemis qu'il a à cóbatre. Il doit à la verité tenir ferme le tymon de l'Estat & les Resnes du Gouuernement mais

Il ne doit pas auſſi les ſerrer par trop. Vn Royaume ſera mieux eſtably & l'authorité Souueraine ne ſera point diminuée en la perſonne du
Monarque, eſtant communiquée au Magi-
ſtrats qui ſont les depoſitaires de l'authorité du
Prince & de la liberté des peuples & par ce
moyen il ſe fait vne harmonie dans l'Eſtat qui
luy donne la forme & le fait ſubſiſter tandis
qu'il demeure dans ce temperament.

Voyla à plus pres le veritable Caractere de la
Royauté, auquel on peut reconnoiſtre le Prince d'auec le Tyran cettuy cy ayant l'authorité
Souueraine commune auec l'autre mais il luy
eſt diſſemblable en pluſieurs façons.

Ie ne diray pas que la differéce principale qu'il
y a entr'vn Roy & vn Tyran, c'eſt que cettuy cy
a vſurpé l'authorité Souueraine puis qu'il n'eſt
point de Monarchie, ou d'Empire, dont l'eſta-
bliſſement & l'eſtéduë ne ſoit venuë parvſurpa-
tion horsmis la ſeule monarchie d'Iſraël de la-
quelle Dieu a eſté le fondateur, & il ne ſert de
dire que la ſucceſſió peut rendre legitime celuy
qui de ſon commencement ne l'eſtoit pas car
outre que l'heritier ne peut auoir que le meſme
droit que celuy auquel il ſuccede la Loy dit
hauttement que les choſes qui ſont injuſtes &
mauuaiſes dé leur nature, ne peuuent en aucu-
ne façon en veilliſſant deuenir bonnes & iuſtes

quæ ab origine mala sunt successu temporis non possum fieri mala. si vn homme á prins mon bien ny luy ny ses enfans ny ses nepueux iusques à la fin des Siecles n'en peuuent auoir vn posession legitime.

Mais i'estime que la veritable difference du Roy & du Tyran se doit prendre de l'vsage de l'authorité Souueraine, & que le Roy se sert de cette puissance non pour son bien propre mais pour le bien de l'Estat, c'est à dire pour la tranquillité de son peuple, pour procurer la felicité de ses suiects.

Par les marques que nous auons données de la Royauté nous cognoistrons celles de la Tyránie. Platõ dans son Gorgias definit Tyrã celuy qui a licence dans vne Cité de faire tout ce qui luy plaist, & nous dirons que c'est vn Souuerain, imprudent, inique, foible & immoderé, Comme la corruption des meilleures choses est pire que des moins bonnes *corruptio optimi pessima* aussi la Monarchie degenerant en tyrannie ce qui n'arriue que trop souuent, produit de plus grands desordres & cause de plus grãds maux. Aristote dit que la puissance qui est absoluë penche du costé de la tyrannie, *omnis potestas absoluta vergit in tyrannidem.*

Aussy les plus sages legislateurs ont voulu balãcer l'authorité Souueraine *communis omniũ custodia neminem vnum magnū facere.*

Comme la vertu est dans l'entre deux des deux extremitez contraires à sçauoir de l'excez & du defaut aussi il arriue que la Royauté degenere en tyrannie par deux gouuernemens contraires à sçauoir par vn gouuernement lache mol & effeminé, & par vn gouuernement violent. Il y a des Princes soubs lesquels tout est permis d'autres soubs lesquels rien n'est loisible, ce sont des corruptions de l'Estat. *Principem habere sub quo omnia liceat malum, peius sub quo omnia omnibus licuit.*

11. Si nous faisons maintenant reflection sur le gouuernemét de nostre estat nous trouuerons que tous les desordres qui s'y trouuent, viennent des deux extremitez de la foiblesse du Prince & de la violence de ceux qui gouuernent sous son authorité. Nous ne deuons pas nous estonner de voir cette guerre ciuille ni en rechercher autre cause. Tandis que la France a eu des enfans ou des femmes ou des hommes malades ou foibles, pour souuerains elle a esté affligée de la mesme maladie.

Il est bien vray qu'il semble que de tous les peuples qui sont soubs la terre il n'en est point de si affligez que nous. Les regnes des Nerons nous sembleroiét des siecles d'or. L'enfance de Clotaire les regences des Fredegondes des Brunehauts & des Catherines, les maladies de Charles 6. les cruautez de Louys XI. les horreurs mesme de la ligue tout cela enfemble fe trouue dans ce miferable Royaume dont l'Eftat eft pluftoft vne Anarchie qu'vn veritable gouuernement.

Auffi plufieurs apprehendent auec raifon que fi Dieu par vne prouidence particuliere ne conferue la Monarchie Françoife qu'elle eft paruenuë à fon dernier periode.

Il y a long temps qu'vne perfonne de mes amis me me dit auoir oüy reciter à vn homme digne de foy que la Reyne Catherine de Medicis eftant portée d'vne curiofité de fçauoir l'aduenir fit venir en fa prepresence vn Magicien, & voulut fçauoir de luy fi fes enfans feroient Roys, & qui feroient leurs fucceffeurs. Que ce Magicien luy fit voir dans vn Miroüer premierement vn jeune enfant lequel fit vn tour & puis difparut 2. vn jeune homme qui fit neuf tours & puis s'euanoüit comme l'autre. En apres vn troifiefme, lequel fit quinze tours & difparut, en fuitte elle vit dans le Miroüer vn Soldat qui fit vingt tours & deuint comme les autres, en apres vn homme à longs cheueux & la barbe razée qui fit trente deux tours, apres quoy elle vit daus le Miroüer des chiens & des chats qui fe dechiroient les vns les autres, Ce qui l'effraya tellement qu'elle dit au Magicien qu'il retiraft fon Miroüer & qu'elle n'en vouloit pas fçauoir dauantage. Tous ces tours correfpondent au nombre des annees que nos derniers Roys ont vefcu & ces chiens & ces chats font l'embleme funefte du gouuernement d'aujourd'huy. I'aurois de la peine à croire cette hiftoire bien que fon accompliffement nous paroiffe deuint les yeux fi ie n'auois leu que du temps de Henry 8. Roy d'Angleterre, vn Prophete ou Magicien predit la fuite de ceux qui deuoient tenir le Royaume apres luy, & la fin de la Monarchie Angloife par ces vers.

Mars puer, Alectho, Virgo, vulpes, leo, nullus, dij meliora.

FIN.